Herr Klaus Trophobie und Fräulein Anna Konda geben hiermit im Sinne des zufälligen Wahnsinns freudig ihre Verlobung bekannt

Verlag:
BoD · Books on Demand GmbH,
In de Tarpen 42, 22848 Norderstedt,
bod@bod.de
Druck:
Libri Plureos GmbH, Friedensallee 273,
22763 Hamburg
Copyright Volker Lindner-Autor 2025

ISBN: 978-3-7693-9009-4

Ätsch, reingefallen ! Sie hätten dieses Buch gar nicht kaufen brauchen, denn es liegt in doppelter Ausfertigung in der Deutschen Nationalbibliothek in Berlin. Dort hätten Sie es sich ausleihen können (bitte Ausleihzeiten beachten, Montag bis Freitag nur parteiinterner Verkehr und Samstag und Sonntag geschlossen). Na dann ……..

Da mir mein Arzt den schon seit vierzig Jahren andauernden Genuss von alkoholfreiem Bier sowie den Verzehr von Fleisch und Wurst nunmehr verboten hat, bleibt mir in meinem dürftigen Leben nur noch die Hoffnung auf einen Schreiberling-Preis, gerne der Nobelpreis für Literatur. Deswegen verwende ich nicht wie bisher Pseudonyme wie Anatol Dienstbier oder Span Nungpur, sondern gebe, damit die Nobelpreis-Jury mich rasch finden kann, meinen wirklichen Namen. Nun also :

Herr Klaus Trophobie und Fräulein Anna Konda geben ihre Verlobung bekannt - Handbuch der professionellen Planung des zufälligen Wahnsinns in verschiedenen Kategorien. Also meine Memoiren !

Volker Lindner

Vorwort

Dieses Vorwort ist ein Vorbote des Vorkommens zufälligen Wahnsinns. Es ist daher sicher von Vorteil, wenn man vorsorgt und vorgewarnt wird. Ich persönlich bin bei jeder vorhersehbaren Vorlesung vorsichtig, denn vorher sieht mancher Vorzug vorzüglich aus, stellt sich aber vor dem Ende als vorverurteilt heraus. Vorläufig baue ich auf ein voraussichtliches Vorhandensein vordergründiger Vorbereitungen, dafür bürge ich voreingenommen mit den vorsortierten Vornamen meiner Vorfahren. Vorsorglich gehe ich davon aus, dass jeder vorhandene Leser vor dem vorübergehenden Blättern im vorliegenden Buch die Vorderteile seiner Finger vorbehandelt hat mit vorteilhafter Seife.

Vormal betrachtet vordere ich Sie also auf, sich vrontal gegenüber unvörmigen Vormen fortzubewegen.

Der Autor

Nachwortiges Vorwort

Manche Autoren schreiben ihre Memoiren. Die, die zu faul dazu sind, lassen es nach ihrem Ableben andere machen. Dieses mein 17. Buch hier ersetzt oben Genanntes. Also nicht das Ableben, das hat noch Zeit, sondern die Memoiren.

Allerdings berichte ich nicht von den zahlreichen Höhen in meinem Leben, denn das geht euch Leser einen feuchten Kehricht an, also sehr viel. In diesem meinem 17. Buch (Sie haben die anderen 16 nicht gelesen oder noch besser, nach dem Lesen weggeworfen ? Werden Sie ruhig schamrot, von hier aus kann ich das ja nicht sehen) also in diesem Buch hier finden sich nur die Tiefpunkte und diese in lockerer übersichtlicher Weise.

Leider wird die Menschheit immer dümmer, man sieht es am allgemeinen Weltgeschehen, also müssen auch wir Buchschreiber uns in unseren Machwerken darauf einstellen. Sie brauchen einen Beweis für diese Dummheit ? Sie haben doch schließlich dieses Buch gekauft, wenn das mal nicht genug Beweis ist.

Immer noch der Autor

Endlich ein Gedicht, das sich nicht reimt

Ein Handelsvertreter aus Meissen
der wollte mich einmal betrügen
doch ich war nicht faul
und schlug ihm auf's Haupt
er drohte : Tu das lieber nicht
sonst stehst du bald vor der Tür
da schenkte ich ihm mein Klavier
und wir tranken zusammen ein Pils

Es blühen Blumen, Gras und Baum
Blühende Wirtschaft gibt es kaum
Blühenden Wahnsinn gibt's mitnichten
Am ehesten noch in meinen Gedichten

In einer Sitzung des Bad Feilnbacher Gemeinderates ging es um die Schulden, die die Linden-Wirtin hinterlassen hatte, als sie spurlos verschwunden war. Es war bereits geraume Zeit vergangen, die Gemeinde hatte es nicht geschafft, den jetzigen Aufenthaltsort der ehemaligen Pächterin des Gasthofes „Linden-Wirt" festzustellen und die Gemeindeordnung sah für diesen Fall eine sogenannte Schulden-Niederschlagung vor, damit im Jahres-Rechnungsabschluss endlich dieser Minus-Posten verschwinden würde.

Etliche biedere Gemeinderäte sahen das nicht ein. Es entstand eine hitzige Debatte über die Frechheit, seine Schulden nicht zu zahlen. Mehrmals erklärte der Bürgermeister das Verfahren für notwendig, aber die Diskussion nahm kein Ende.

Schließlich donnerte der Bürgermeister mit der Hand auf den Tisch und rief :

„Wer für die Niederschlagung der Linden-Wirtin ist, der hebt die Hand !"

Es geht eben nur um die richtige Argumentation. Alle waren dafür.

Es handelt in Hamburg am Hafen

ein alter Seebär mit Kühen.

Das ist nicht sehr klug,

denn vom Heck bis zum Top,

da gibt's weder Gras noch nen Stall.

Ich meine, der Mann hat nen Knopf.

Während meiner ersten Jahre als Lehrer wohnten wir noch nicht im Dorf, ich fuhr noch mit dem Auto hin und her.

Dabei fiel mir auf dem Weg vom Dorf bis Kreuzstraße immer wieder eine nicht mehr ganz junge Frau auf, die mit energischem Schritt die gut zwei Kilometer lange Strecke marschierte. Ich dachte mir nicht allzuviel dabei, zum einen bin ich ziemlich unhöflich und nehme nur ungern Anhalter mit, zum andern liefen ja damals auch die Schulkinder diesen Weg.

Mein Chef war im Dorf geboren und kannte alle Familien. Zu jedem Kind konnte er mir erzählen, aus welchen Verhältnissen es kam, mit welchen Begabungen ich zu rechnen hatte und wie sich Vater und Mutter früher in der Schule benommen hatten.

Als ich ihn nach der marschierenden Frau fragte, grinste er und erklärte, dass es sich um die Anni W. handele, die sich was an der großen Kreuzung verdiente.

Einmal hatte er sie im Auto mitgenommen und sie unverblümt gefragt, warum sie auf den Strich gehe.

„Ja mei," hatte sie kurz geantwortet, „fimpf Markln san's aa."

Mein Nachbar, der Klaus,

ist selten daheim.

Für jede schöne Jahreszeit

Hält er sein Wohnmobil parat.

Mal fährt er Ski, mal fliegt er Drachen

Und lebt die Zeit für solche Dinge.

Ach, jeder soll auf dieser Welt

Doch das tun, was ihm gut gelingt.

Ab und zu kommen jetzt **Wiederholungen** :

Wenn unser Fernsehprogramm alle langweiligen und geistlosen Krimis halbjährlich ungestraft wiederholen darf, dann mach ich das auch. Also sicher nicht alles halbe Jahr und schon gar keine Krimis. Ich bringe nur ein paar Sachen aus meinem ersten Büchlein, das man ja nirgends mehr kaufen kann. Wenn Sie das Nachfolgende schon kennen, Entschuldigung, irgendwie muss man aber die Seiten füllen.

Also Wiederholungen:

Weil etliche Kinder beim Diktat Schwierigkeiten hatten *m* und *n* auseinanderzuhalten, gab ich folgenden Rat :

„Schaut mir auf meinen Mund, bei *m* hab ich den Mund deutlich zu, und bei *n* ist der Mund leicht auf.“

Beim nächsten Diktat rief Benno beim ersten *m*-*n*-Wort laut :

„Host as Mei offn oda zua ?“

Helden des Alltags

In den frühen 50er-Jahren kämpften in unserem Dorf zwei Männer verbissen dafür, dass am Dorfrand ein Schwimmbad errichtet würde. Es waren dies der damalige Bürgermeister sowie der Inhaber eines kleinen Geschäftes.

Und sie schafften es. Das Becken war zwar nur betoniert und blieb es auch Jahrzehnte (zwei Generationen kannten hier blutige Zehen), aber immerhin, das Dorf besaß nun ein eigenes Schwimmbad.

Bei der Einweihung erwarteten natürlich alle, dass genau die beiden, deren Hartnäckigkeit man das Bad verdankte, dass genau die sich als erste ins Wasser stürzen und eine Runde schwimmen sollten.Doch die ließen sich lange bitte. Dann endlich zogen sie sich um, also die Badehosen an, und stiegen in den Pool.

Und nun sahen alle : Zwar ruderten die Arme hin und her, aber die Füße der beiden blieben am Grund. Die beiden Kämpfer für das Schwimmbad konnten nicht schwimmen.

Damals lachten viele. Zu Unrecht. Für mich gehören beide in die Kategorie „Helden des Alltags" !

Was darf in einem soliden Handbuch niemals fehlen ?
Richtig, ein **Intelligenz-Test** ! Hier sind sechs Vorna-
men aus aller Welt. Finden Sie heraus, welcher Famili-
enname jeweils dazugehört ?

Fehl   (palästinensisch)

Radwan   (indisch)

Son   (koreanisch)

Siebenz   (böhmisch)

Paradep   (iranisch)

Non Nenk   (tibetisch)

Hier die Familiennamen. Welcher gehört wo hin ? Falls
Sie bei diesem Intelligenz-Test versagen, finden Sie die
Auflösung etwas später in einem Thriller.

Loster

Derung

Al Arm

Ferd

Werge

Derange Bot

Attentate und Anschläge sind heute nichts Besonderes mehr. Wir haben uns daran gewöhnt. Vor über einem halben Jahrhundert war das anders.

Beate und Serge Klarsfeld verübten vor über 50 Jahren ein Attentat, das in der ganzen Welt Aufsehen erregte. Das Attentat bestand aus Ohrfeigen.

Mitten im Deutschen Bundestag drängte sich das Ehepaar zum Kanzler Kurt Georg Kiesinger und ohrfeigte ihn. Und das brachte ans Tageslicht, was kaum jemand wusste.

Wie die meisten seiner Generation war Kurt Georg Kiesinger ein überzeugter Anhänger dieser elenden Nazi-Politik gewesen.

Während des Zweiten Weltkrieges war er als Kriegsgerichtsrat tätig und damit zuständig für zum Beispiel Soldaten, die in den Augen der Nazis Deserteure oder sogenannte Wehrkraftzersetzer waren, weil sie in Worten oder Taten erkennen ließen, dass sie gegen Krieg und Nazis waren.

Ohne Gnade nannte man damals solche Leute „Volksschädlinge" und verurteilte sie zum Tode. Beate und Serge Klarsfeld wollten mit ihrem Attentat deutlich machen, dass die Übeltäter nicht nur ungestraft noch unter uns, sondern sogar ganz vorne dran waren.

Der Erstklassler Martin kam mit solch einer strahlenden Miene morgens ins Klassenzimmer, dass ich fragte, was denn los sei.

Lächelnd und offensichtlich glücklich antwortete er : „Mei Mama is im Grangahaus.“

Ich erschrak und erklärte ihm, dass das ja eigentlich kein Grund sei, fröhlich zu sein.

Bei meinen Worten schwand allmählich sein Frohsinn und nun schaute er ziemlich bekümmert drein.

Und dann hellte sich seine Miene wieder auf. Er lächelte wieder und sagte : „I glaab, de kafft a Baby.“

Am Montag früh kam Benno mit solch schwarzen Fingern in die Schule, dass ich ihm vorschlug, ins Bubenklo zu marschieren und sich die Hände kräftig mit Seife zu waschen.

Benno winkte ab und erklärte mir :

„Des is a Dreck vom Samstog vom Motorradlrepariern, des geht etza mit Soaf net weg.“

Sind zwei Steine

ganz alleine

sagt der eine

hätt ich Beine

wär ich längst schon irgendwo.

Aber so ?

Rauscht am Strand das große Meer

hin und her

und es wünscht sich gar so sehr

dass es ganz in Ruhe wär.

Warum können Meeresrauschen

Und die Steine denn nicht tauschen ?

Schon mal was von **Telepathie** gehört ? Gibt's so was nur in unserer Fantasie oder in Science-Fiction-Romanen ?

Wenn man den Begriff so versteht, dass ein Telepath meine Gedanken wie ein Buch lesen kann, dann gehört es wohl in die Schublade Fantasie.

Und doch gibt es sie. Hunde besitzen sie. Sie spüren nicht nur die Stimmung von Frauchen und Herrchen. Sie lesen wirklich die Gedankenwellen eines Menschen, der am Zaun vorbeigeht, und sie wissen, ob derjenige Angst oder womöglich etwas Böses vorhat.

Und das hat nichts damit zu tun, dass die Hunde Angstgeruch oder ähnliches wahrnehmen. Selbst wenn die Hunde im Haus sind und jemand sich absolut leise draußen vorbeischleicht, dann wissen die Hunde Bescheid.

Ohne zu sehen oder zu riechen, geben sie mit Knurren Warnzeichen oder bekunden mit Winseln und Schwanzwedeln Freude. Auf was sollte so etwas beruhen wenn nicht auf einer Art Telepathie.

Mein Onkel, der lebt in dem Wahn

die Sintflut geht vor acht Uhr an.

Mit Rettungsweste, Surferbrett,

liegt jede Nacht er quer im Bett.

Damit er auch noch weiterdenkt

hab' ich ihm Badeschuh' geschenkt.

An die Erstklasslerin Kathrin erinnere ich mich noch gut. Sie hatte zu jedem Thema stets wertvolle Beiträge.

Als wir das Thema Streit besprachen, meldete sie sich und sagte :

„Mama und Papa ham aa gstritt'n, wia's g'heirat ham."

Und als es darum ging, wie lange man fernsehen sollte, meinte sie :

„I schaug fast nia, bloß, wenn da Papa net do is. Der is aa fast nia do."

Damit mir mein nicht vorhandener Doktor-Titel nicht von den Plagiats-Jägern streitig gemacht wird, gebe ich zu, dass ich nachfolgende Anekdote abgeschrieben habe aus dem Buch **Memoiren einer Wiener Hofdame**

Der österreichische Kaiser Ferdinand, den die Wiener insgeheim liebevoll „den Trottel" nannten, spazierte sonntags gerne in Parade-Uniform durch Wien und genoss es, von allen Seiten gegrüßt zu werden.

Als ein Bettler ebendies nicht tat, ging der Kaiser zu ihm hin, legte ein Silberstück in den Hut des Bettlers und sagte :

„Sie sind blind, nicht wahr, guter Mann ?"

„Jawohl, Majestät," antwortete der Bettler, „und taubstumm."

„Ein schweres Los," seufzte der Kaiser und gab dem Mann ein zweites Geldstück.

Zum Guten und zum Schlechten : Wie sehr Lehrer das Leben eines Kindes beeinflussen können

In der ersten Klasse unterrichtete uns Fräulein Streich. Natürlich nannten wir sie Streichwurst. Ich sehe ihr Gesicht heute noch vor mir.

Erst als Erwachsener habe ich von meiner Mutter erfahren, dass Frl Streich verantwortlich dafür war, dass ich Gitarre erlernte. Sie hatte meine Mutter aufgefordert, mich zum Gitarre-Unterricht anzumelden, aber die lehnte ab, es war dafür kein Geld da.

Und nun zahlte die Streichwurst drei Jahre lang mein nicht immer so eifriges Lernen. Das Meiste lernte ich in der ersten Band, in der ich mitspielte.

Das war für mich gut. Jetzt das Schlechte.

In der dritten Klasse hatten wir Herrn Pfündl. Der war ein Respekt einflößender Athlet, damals Mitglied der deutschen National-Handballmannschaft.

Was genau war, weiß ich heute nicht mehr, nur, dass wir irgendetwas arbeiteten und ich gerade nach vorne sah. Da machte Herr Pfündl aus dem Stand einen Satz über zwei Tische vor mir und holte mit der Hand aus. Ich dachte mein letztes Stündlein hätte geschlagen, aber die Ohrfeige galt meinem Nachbarn, der flog auf den Boden.

Lange Zeit hatte ich Angst vor jedem männlichen Lehrer.

Abgemildert wurde diese Angst dann in der vierten Klasse, denn da erlebte ich eine Zeit lang einen Lehrer, der zu dieser Zeit schon recht bekannt war. Er konnte gut erzählen und ich kann mich nicht daran erinnern, dass ein Mitschüler geschlagen wurde. Sogar an seinen Vornamen erinnere ich mich noch. Der Lehrer hieß Otfried Preußler.

Ein Gärtner im tiefsten Alt-Bayern,

der konnte an Weihnacht nicht feiern.

Im Radio hörte er dann,

das Neue Jahr fängt heut an.

Da verstand er und wurde ganz schwach :

Sein Kalender zuhause ging nach !

Ulkige Sachen gibt es wohl öfter.

Die Straße, in der wir wohnen, zweigt Y-förmig auseinander, oft genug bleibt jemand stehen und überlegt, wie er abbiegen muss.

Besser aber ist es in der Straße in Ungarn, in der wir unseren (selbstgebauten, sowas zu erwähnen gehört schließlich auch zu Memoiren) Bungalow haben.

Wir haben die Hausnummer 31. Allerdings hat auch das übernächste Haus auf unserer Straßenseite dieselbe Hausnummer, eben auch 31, und dann noch ein Haus fast am Ende der Straße, aber auf der anderen Straßenseite.

Für die Postbotin ist das praktisch. Sie wirft die Post gesammelt bei einem der 31er-Briefkästen ein.

Manche anderen in dieser Straße haben es viel leichter. Die Hausnummern 26 und 29 und 34 gibt es nämlich nur je zweimal.

Helden des Alltags

In den 50er- und 60er-Jahren gab es in vielen Häusern einzelne Ölöfen. Mit großen Kannen holte man das Heizöl und goss es von oben her in den Ofen, ähnlich wie man heute beim Auto das Scheibenwasser nachfüllt, Meist war der Heizöltank draußen im Schuppen.

Heute schüttelt man den Kopf ob dieser umständlichen Beheizungsart, es war aber früher andersherum, gegenüber den Kohle/Holz-Öfen war dieser Ölofen Luxus.

Man durfte nicht nachfüllen, wenn der Ofen bereits heizte und heiß war. Das ist verständlich, genauso aber auch, dass manche sich nicht daran hielten, denn wenn man das rechtzeitige Nachfüllen vergessen hatte, konnte es rasch kalt im Zimmer werden. Also füllte man dann doch oft auf, wenn das Heizöl im Ofen schon brannte.

Und vermutlich hatte dies auch ein Bewohner eines Hauses an der Hauptstraße getan, irgendetwas ging schief und das Heizöl brannte nicht nur innen im Ofen.

Der Mann war Polizist, wohl von rascher Entscheidungs- und ziemlicher Körperkraft. Er packte den ganzen Ofen und warf ihn kurzerhand durchs Fenster aus dem ersten Stock hinaus in den Schnee.

Das Zimmer und wohl auch das gesamte Haus blieben auf diese Weise vor einem schrecklichen Brand und die Dorf-Feuerwehr vor einem Einsatz verschont.

Wenn auch damals die Leute darüber lachten, eigentlich war es die Tat eines Helden.

Fragen, die mir nächtelang den Schlaf rauben

Sind eigentlich alle Öster reich **?**

Wir Kinder hatten zwei Lieblings-Onkel. Beide waren sogenannte Zieh-Onkel, also nicht blutsverwandt mit uns.

Onkel Willi war auf dem zweiten Platz. Er war ein echtes Rosenheimer Original mit absolutem Wiedererkennungswert. Er war klein und dick, trug sein Leben lang die gleiche Bundlederhose und dazu ohne jegliche Ausnahme nur rotkarierte Hemden. Ich habe ihn nie in anderem Gewand gesehen. Schon früh hatte er eine Halbglatze, ließ aber den Rest an Haaren lang wachsen und diese standen dann wie ein kaputter Strohhut rund um den Kopf, außer natürlich vorn.

Seine Mutter, die Ada mit Vornamen hieß, hatte in der Rosenheimer Stadtmitte eine Buchhandlung, die Onkel Willi bis ins hohe Alter weiterführte. Als der Karstadt-Konzern nach Rosenheim kam, das Kaufhaus Oberpollinger aufkaufte und abriss, schaute sich Onkel Willi nach neuen Räumen um. Er fand sie in der Hafnerstraße und führte dort seine Buchhandlung weiter, in einem nicht allzu hellen Raum, der hundert Jahre vorher vermutlich der Pferdestall gewesen war.

Onkel Willi wohnte mit seiner Frau in einem großen Haus am Simssee. Kinder hatten sie keine, wohl aber verschiedene Tiere. Ich war sehr gerne dort, denn dann gab es solche tollen Unterhaltungen wie die Verlosung von Spielsachen. Ich sehe heute noch das grüne Holzschiff vor meinen Augen, das ich einmal gewonnen habe.

Zum seinem 70sten Geburtstag bekam er von einem Kunden, der ein äußerst fähiger Künstler gewesen sein musste, ein gezeichnetes farbiges Portrait von sich und Karl Valentin in seinem Buchladen, Onkel Willi lebensecht in Lederhose und rotkariertem Hemd, und Karl Valentin als durchsichtige Figur, weil er ja damals schon tot war. Als ich dieses Bild das erste Mal sah, sagte ich zu ihm, dass ich es haben möchte, wenn er einmal nicht mehr leben würde.

Und tatsächlich - nachdem er gestorben war, stellte sich heraus, dass er auf die Rückseite des Bildes „Für Volker" hingeschrieben hatte. Es hängt heute in unserem Wohnzimmer.

Außerdem stellte sich heraus, dass seine Frau das Haus nicht geerbt hatte. Dieses ging an irgendwelche Neffen zweiten Grades irgendwo in Norddeutschland.

In ihrer Wut darüber nahm sie Pinsel und schwarze Farbe und schmierte an alle weißen Wände im ganzen Haus hin : *Ihr Nazis ! Verreckt, ihr Dreckschweine !* und Schlimmeres.

Als die Erben nach einiger Zeit eintrafen, da war das erste, was sie sagten „Tantchen, natürlich kannst du im Haus bleiben, solange du lebst !"

So musste sie ein zweites Mal zu Pinsel und Farbe greifen, diesmal zu weißer.

Nach ihrem Tod kaufte Erich Kiesl, der damalige Oberbürgermeister von München, das Haus für seinen Sohn.

Als wir es ausräumten, fanden sich auf dem Dachboden so viele gehortete, unversehrte aber längst abgelaufene Packungen mit gemahlenem Kaffee, dass man damit den ganzen Badestrand am Simssee hätte dunkel einfärben können.

Geniale Erfindungen von mir, die kein Mensch braucht

Faltbare Milch

Bei diesem Gedicht kommt es darauf an, dass man es schafft, das letzte Wort falsch zu betonen :

Mein Onkel, der lebt in dem Wahn,

dass er der neue Dschingis Khan.

Die Weltherrschaft, die ist sein Ziel,

doch jeder Schritt ist ihm zu viel.

Jetzt spart er auf ein kleines Pferd

oder vielleicht ein Militär-Gefährt.

Dann reitet oder fährt er los

und stürzt die Welt in das Chaos.

Wir sind bekennende **Ungarn-Fans**. Zuerst fuhren wir jede große Ferien mit dem Wohnwagen an den Balaton, seit über dreißig Jahren haben wir Grund und Haus. Und wir nutzen dies kräftig aus, denn uns gefallen das Land und die Freundlichkeit der Menschen.

Fast alle Deutschen, die wie wir ein Haus in Ungarn haben, hissen gerne Fahnen, fast immer die deutsche oder die eines Bundeslandes. Dies halten wir in einem Gastland für peinlich. Wir hissen auch eine Fahne, wenn wir dort sind, aber eine andere.

Hundert Meter Luftlinie vor uns ist die schöne Villa eines ungarischen Regierungsmitgliedes, von unserem Grundstück getrennt durch Straße und Feld.

Ich bekomme nicht mit, wann der Herr Senator, der wie Orban gerne über Brüssel schimpft, gleichzeitig aber auch gern jeden Brüsseler Euro kassiert, also wann der zuhause ist, sehen wir nicht.

Aber der Herr Senator sieht, wann wir da sind.

Ich hisse nämlich die Europa-Fahne. Und das mit gutem Gewissen. Ob Gast oder Einheimischer, die gilt für uns alle !

Die Wahrheit über unsre Welt

ist etwas, das uns nicht gefällt :

Nicht wir sind Mittelpunkt im All,

das Gegenteil, das ist der Fall.

Wir glauben, dass der Schöpfung Krone

in unserm Menschsein innewohne.

Doch ein Gefängnis, das ist bitter,

die Milchstraße ist unser Gitter.

Denn ganz am Rand der Galaxie

hat man uns hingepflanzt, denn nie

wird man Kontakt mit uns gestatten,

da wir noch niemals Frieden hatten.

Wir streiten, rauben, plündern, morden

und sind zur Plage für das All geworden.

Statt uns zu bessern wo's nur geht

schänden wir Umwelt und Planet.

Im All, da gibt es Leben, Licht,

doch Parasiten braucht man nicht.

Wir nahmen **im Unterricht** die Vorsilbe *ver-* durch. Als Hausaufgabe sollte jedes Kind mindestens zehn Worte aufschreiben, die mit dieser Vorsilbe begannen.

Am nächsten Tag hatten wir jede Menge Beispiele.

Ratlos war ich bei einem ver-Wort, das Edith aufgeschrieben hatte : *vergelchen*

Ich überlegte hin und her, war es etwas aus dem oberländischen Dialekt ? Aber erst Ediths Erklärung brachte für mich Erleuchtung.

„Des sogt oiwei mei Mama zu mir.“

Ferkelchen !

In der ersten Klasse sprachen wir über Berufe. Was macht der Maurer, welche Aufgaben hat ein Bauer, vor welchen Herausforderungen steht ein Ingenieur und so weiter.

Ruhig und sehr interessiert hörten die Kinder zu, wenn eines vom Beruf des Vaters oder der Mutter berichtete.

Am Schluss der Stunde meldete sich Johanna und fragte : „Wos machst'n eigentlich du an ganz Dog, Herr Lindner ?“

Gewalt gegen Kinder - das kam für meine Eltern nicht in Frage. Wir wurden nie geschlagen oder geohrfeigt.

Ich habe meinen Vater ein einziges Mal gewalttätig erlebt und es auch erst sehr viel später verstanden.

Wir wohnten in den späten 50er-Jahren zur Miete, unser Vermieter war Besitzer der Tankstelle in der Nähe und kam einmal im Monat vorgefahren, um die Miete zu kassieren.

Und heute noch sehe ich vor mir – wir spielten draußen – wie beide, der Vermieter und mein Vater mit einem Holzscheit in der Hand aus dem Haus gerannt kamen, der Vermieter in sein Auto sprang und losbrauste, während mein Vater das Holzscheit gegen den Wagen knallte.

Was los war, erfuhr ich Jahre später.

Wie jeden Monat wollte der Vermieter sich die Mietzahlung holen, bot aber meiner Mutter an, die Miete könne auch auf anderem Weg beglichen werden. Er hatte nicht damit gerechnet, dass mein Vater schon zuhause war.

Schade eigentlich, dass der Vermieter so schnell war.

Natürlich darf auch **ein Thriller** nicht fehlen in meinen Memoiren. Aber keine Angst, alles geht gut aus. Zumindest bis zum Happy End.

Als mein Enkel einmal auf einer größeren **Radwanderung** war, hatte seine Freundin endlich genügend Zeit für ihr Hobby, diese Riesenviecher, die nichts anderes können als mir auf den großen Zeh zu steigen.

Sie war mit ihrem **Paradepferd** unterwegs und hatte gerade den Wald der **Sieben Zwerge** hinter sich, da kam sie an einem **Nonnenkloster** vorbei, an der Pforte hing ein Schild : Wer jetzt neu eintritt, erhält im ersten Novizinnenjahr doppelten Gotteslohn !

Neugierig, wie sie natürlich überhaupt nicht ist, klingelte sie an der Pforte und wollte Näheres in Erfahrung bringen.

Daraus wurde aber nichts, denn dieses **Sonderangebot** stellte sich als **Fehlalarm** heraus.

So war sie am End ziemlich happy und kehrte heim.

Haben Sie es gemerkt ? In diesem Thriller ist die Auflösung des Intelligenztestes versteckt.

Beim Zahnarzt in Rinteln Westfalen,

da musste ich zu viel begleichen.

Ich war voller Wut

und das ist nicht schön,

denn ich riss gleich den Bohrer heraus

und nahm ihn kaputt mit nach Bonn.

Doch damit war's noch nicht vorbei,

denn er schickte mir die Feuerwehr.

Verbessertes **Sprichwort** ist pessimistisches Sprichwort

Lügen haben kurze Beine

Die Wahrheit hat meistens gar keine

Bei meinem Studium zum Lehramt belegte ich, weil ich mir auch privat etwas davon versprach, den Kurs **Posaune für Anfänger**.

Kursleiter und Ausbilder war ein begnadeter Musiker, Mitglied bei den Münchner Turmbläsern, und in diesen kleinen Kreis kam man ganz sicher nicht als Otto Normalmusiker. Es war dies der Herr Sertl.

Eigentlich wäre jede Woche eine Posaunenstunde gewesen, aber ich sah diesen Herrn Sertl ganze zweimal während des gesamten Semesters.

In der ersten Stunde bekam jeder eine Leih-Posaune und den Auftrag, bis zur nächsten Stunde sich ein eigenes Mundstück zu kaufen. Dann setzte Herr Sertl seine Posaune an und spielte wunderbar vor.

Das zweite und letzte Mal sah ich Herrn Sertl in der letzten Stunde des Semesters, als er jedem Teilnehmer die schriftliche Bestätigung überreichte, dass man an seinem Posaunenkurs mit Erfolg teilgenommen habe.

Die Unterrichtsstunden zwischen erster und letzter Stunde fanden nicht statt, da Herr Sertl am Ende der ersten erklärt hatte, es rentiere sich gar nicht, wöchentlich mit seinem Motorrad hierherzufahren.

Ich spielte also am Ende des Semesters genauso gut bzw genauso wenig Posaune wie am Anfang, trotz schriftlicher Bestätigung.

Als ich am Schluss des Studiums die Prüfung für Musik ablegte, fragte zu meiner Erleichterung kein Mensch nach meinem Posaunen-Können.

Ahoi

Ich war einmal Käpt'n zur See,

doch der Abschied tat mir gar nicht schlecht,

denn das Schiff war zu klein

und ich passte nicht hin.

Meine Arbeit ist besser an Land

und jetzt bin ich als Dichter berühmt.

Mein Onkel, der lebt in dem Wahn,

dass ihm gehört die Deutsche Bahn.

Von allen Reise-Passagieren

wird er nun seinen Preis kassieren.

Mir bot er einen guten Posten

Als Chef im bairischen Süd-Osten.

Ich wär ja blöd, sagte ich nein.

Da kommt doch endlich Kohle rein !

Wie im **Lehrplan** vorgeschrieben, lernten die Viertklassler die dritte Strophe des Deutschlandliedes. Dazu schrieben sie den Text erst einmal in ihr Musikheft.

Maria fertigte einen schönen Eintrag, vertauschte allerdings zwei Buchstaben.

„Einigkeit und Recht und Freiheit für das deutsche Vaterland, danach lasst uns alle **sterben**, brüderlich mit Herz und Hand.

In den 90er-Jahren hatte meine Frau einen kleinen Laden im Dorf, Kleidung, Zeitschriften, Kurzwaren und dazu Lotto-Annahmestelle.

Kurz hinter unserem Dorf besaß der Sänger und Schauspieler Rex Gildo sein Haus. Seine Frau Marion, die ja seine Cousine war, war bei uns Kundin.

Sie kaufte Anfang September Christbaumschmuck, denn um in den Illustrierten rechtzeitig präsent zu sein, wurde der Christbaum eben schon früh geschmückt und die Reporter und Fotografen konnten Fotos und Berichte rechtzeitig fertigstellen.

Anheimelnde Familienatmosphäre vermittelten auf diesen Fotos dabei die glücklich lachenden Nachbarskinder.

Im Grunde aber war Marion ein armes Wesen. Ich vermute, sie hatte sich in jungen Jahren von Gildos Manager über den Tisch ziehen lassen, als sie den „Ehe"-Vertrag unterschrieb. Sie spielte also die glückliche Ehefrau, die sie niemals sein konnte. Während Gildo mit seinem Manager zusammenlebte, war sie in einer Zeit, in der schwul sein das Ende der Karriere bedeutet hätte, nur ein Aushängeschild.

Ich kann mir gut vorstellen, dass im Ehevertrag eine saftige Konventionalstrafe vorgesehen war für den Fall, dass sie die Ehe platzen lassen würde, denn sie war bei uns eine regelmäßige Lotto-Kundin. Viel erzählte sie nicht, aber sie wollte nicht, dass jemand von ihrem Lottospiel erfahren sollte, und auf dem Schein stand eine Münchner Adresse.

Jeder Spieler träumt vom großen Treffer, für Marion hätte dies wahrscheinlich bedeutet, dass sie sich aus der Ehe hätte freikaufen können. Sie kam immer mit einem großen, alten BMW vorgefahren und machte nie, kein einziges Mal, den gleichen Eindruck wie auf den Illustriertenfotos.

Damals gab es noch keinen Computer-Ausdruck, man holte seinen Gewinn meist mit dem Schein in der zuständigen Annahmestelle ab, wir wussten also anhand der Gewinnliste, wer wieviel gewonnen hatte.

Jahrelang hat Marion nichts gewonnen. Das letzte Mal, wo wir sie sahen, das letzte Mal, wo sie Lotto spielte, war danach ein Gewinn von 120 Mark fällig.

Aus irgendeinem Grund kam sie aber nicht mehr, und dieser einzige Gewinn ging zurück an die Lotto-Gesellschaft.

Unsere Tante Lilo. In diesem Jahr, in dem dieses Buch erscheint, feiert sie ihren 100sten Geburtstag. Bis kurz nach ihrem 80sten fuhr sie regelmäßig mit uns nach Ungarn.

Einer der schönsten Ausflüge dort sieht so aus: Mit dem Schiff, das zwischen Fonyód und Badacsony verkehrt, über den Balaton übersetzen und dann zu Fuß hoch in die Weinberge. Dort gibt es herrlich gelegene kleine Weinstuben, die heimischen Wein ausschenken und dazu Weißbrot mit Gänseschmalz servieren.

Man kann sich auch per Auto hochfahren lassen, früher, als die Kinder noch klein waren, wurden uralte, klapprige russische Jeeps benutzt. Wir kannten uns aus und baten den Fahrer, querfeldein und mitten durch die Weinberge hochzubrausen. Kinder und Hüte musste man dabei gut festhalten, denn die Jeeps waren schlimmer als jeder Lastwagen.

Also gut, jetzt Tante Lilo.

Sie war schon über 80, aber fit, und marschierte mit hoch. Oben schmeckte ihr der Wein so gut, dass sie, als wir wieder aufbrachen, recht lustig und fidel war.

Die Hänge an den Weinbergen sind ziemlich steil. Nach einiger Zeit merkte Tante Lilo, dass ein Schuhbandl aufgegangen war. Sie bückte sich, um es wieder festzubinden. Dabei verlor sie das Gleichgewicht und zum Entsetzen aller kullerte sie Purzelbäume schlagend den Abhang hinunter.

Wir sausten hinterher, und als sie zum Stillstand kam, lag sie kichernd am Boden, zeigte mit dem Finger in den sonnigen Himmel und plapperte unentwegt : Entschuldige, Rudi, entschuldige, Rudi !

Aber ihr im Vorjahr verstorbener Lebensgefährte hatte ihr wohl den Schwips nicht übel genommen, denn sie kam heil und ohne Verletzungen davon.

Erstklassler interessieren sich natürlich auch für das Privatleben des Lehrers.

Johanna fragte mich: „Herr Lindner, wiavui Kinder und wiavui Küah hostn du dahoam ?"

Bei den Kühen musste ich passen.

Der Viertklassler Martin arbeitete zwar willig und brav, blickte aber nicht immer und überall durch. So was hat mich nie gestört, ich habe immer gern mit Kindern gearbeitet, die mehr Beachtung brauchten. Probleme bekam ich nur, wenn jemand im Doppelpack arbeitete, also dumm und frech.

Jeden Morgen durften meine Viertklassler die Körbchen mit der bestellten Pausenmilch zu den einzelnen Klassen tragen. Auch Martin war einmal an der Reihe.

Als er nach fast zehn Minuten noch nicht zurück war, wurde ich unruhig und wollte mich auf die Suche nach ihm machen.

Martin stand mit einem vollen Korb Milchtüten in den Händen heulend hinten im Flur und schluchzte:

„I findt de vierte Klass net !"

Der Mensch ist ein Gewohnheitstier,

doch manches Mal da frag ich mir,

warum denkt jeder nur an sich ?

Solche Gedanken mach ich mich.

Warum ich **nie wieder** zu Stoff-Taschentücher zurückkehre

Früher gab es nur Stoff-Taschentücher. Die mussten nach Gebrauch gewaschen werden. Einer meiner Schwiegersöhne schwört heute noch auf diese kleinen Stoffteile, aber na ja, ich nehm' die Dinger nie wieder.

Ich unterrichtete eine erste Klasse und da saßen Schorschi und Johanna nebeneinander. Beide hatten Schnupfen und niesten um die Wette.

Johanna schnäuzte sich in so ein Stofftaschentuch, bei Schorschi lief der Rotz einfach so herunter und tropfte zu Boden.

„Hast denn du kein Taschentuch?" fragte ich den Buben.

Er verneinte und wischte alles am Ärmel ab.

Da zog Johanna mitleidig ihr schon längst übervoll geschnäuztes Tüchlein heraus und hielt es Schorschi hin.

Der nahm es, rotzte sich kräftig aus und ins Tüchlein hinein und gab es seiner Nachbarin zurück.

Nie wieder schaffte ich, solch ein Stofftaschentuch herzunehmen, und sei es auch noch so heiß gewaschen und frisch gebügelt.

Lustig. Von **17 bis 71** war ich aktiver Musiker.

Wir spielten zwar früher unsere Musik komplett selbst, da gab es keine Midi-Files und kein Playback, dafür aber gab es damals genug Tanzcafes und Tanztees am Sonntag.

Im Tanzcafe Hubertus hatten wir einen wirklich soliden Job, die ganze Woche durch jeden Abend, dann zwei Wochen Pause und anschließend wieder die ganze Woche.

Edi, der Wirt, zahlte uns Musiker besser als jeder andere Veranstalter und er konnte Trompete spielen. In der letzten Viertelstunde jedes Abends kam er mit der Trompete in der Hand zur Bühne und fragte, ob er die letzte Runde mitspielen könne.

Natürlich konnte er. Nicht nur „wer zahlt, schafft an", sondern er spielte schon wirklich gut.

Allerdings nur drei Lieder.

Als erstes immer „Mackie Messer", an das zweite kann ich mich nicht mehr erinnern, und das dritte war immer „When the Saints".

Jahraus, jahrein, die selben Lieder zur selben Zeit. Das nenne ich Kontinuität.

Manche **Familien** besitzen ein Wappen, manche können einen Nobelpreisträger vorweisen, wir haben einen Familienfilm.

Diesen Film kann man als DVD kaufen. Er heißt **Der Sündenbock von Spatzenhausen** mit Schauspielern wie Hans Moser, Beppo Brem, Eddi Arent, und hinten auf der Plastikschatulle, in der die DVD verkauft wird, steht Hans Moser vor unserem Grundstück. Im Hintergrund sieht man den Bauernhof, den ich auch vor Augen habe, wenn ich auf dem Balkon stehe.

Also damals, als der Film gedreht wurde, gehörte dieses Gelände der Eisenbahn, denn genau über unser Grundstück und denen unserer Nachbarn verliefen die Gleise der Strecke Aibling-Feilnbach, und hier war auch der Bahnhof unseres Dorfes. Fünfzig Meter weiter vorn, da, wo die heutige Straße in die Hauptstraße mündet, wurde letztere bei Nahen eines Zuges mit beiderseitigen Schranken geschlossen.

Als 1973 die Eisenbahnlinie eingestellt wurde, riss man die Gleisanlagen heraus und den Bahnhof nieder, die Gemeinde kaufte das Gelände und machte Bauland für Einheimische daraus. An einer der Garagen hängt heute noch das alte Bahnhofsschild „Au bei Bad Aibling".

Als die Bauparzellen ausgeschrieben wurden, drängte mich mein Chef, mich um eine zu bewerben. Ich war zwar damals Lehrer im Ort, wir wohnten aber in Rosenheim, waren also streng genommen keine Einheimischen. Ich bewarb mich mit Erfolg.

Später erfuhr ich, dass mein Chef vom Gemeinderat verlangt hatte, mich als Einheimischen zu betrachten, da ich sonst möglicherweise von der Schule weggehen und er in solchem Fall sehr sauer auf den Rat sein würde.

Ab und zu schauen wir den Film wieder an und freuen uns jedes Mal wieder über alle Stellen, die wir erkennen, weil sie mit unserem Zuhause zu tun haben.

Wir besprachen in der zweiten Klasse **Haustiere**. Als ich fragte, wer welche Tiere daheim hat, meldete sich Markus bei Hühnern.

Sofort erfolgte bei den Kindern, die in seiner Nachbarschaft wohnten, heftiger Protest. Was Markus da sagte, stimme nicht. Deswegen befragte ich Markus genauer.

Er legte den Kopf schief, sah mich an und meinte : „Na muaß i amoi nochschaugn dahoam !"

Andere Länder, andere Sitten

In meinem Dienstjahr in Mittelfranken war es mir sehr peinlich, als am ersten Elternsprechtag jede Mama, die da kam, mit etwas Essbarem anrückte. Die eine mit Bratwürsten, die andere mit Speck, die nächste mit Schinken und die übernächste wieder mit Würsten.

Wir waren an dieser Schule nur zwei Lehrer und eine Lehrerin. Beide lachten nur, als ich nachfragte, was ich nun machen sollte mit den Mitbringseln. Das ist hier so üblich, beruhigten sie mich, und das wird auch bei den meisten Sprechstunden so passieren. Ganz im Gegenteil zu peinlich wären die Mamas tiefst beleidigt, wenn ich sowas ablehnen würde, nebenbei bemerkt wäre das alles sowieso Selbstgemachtes und damit äußerst schmackhaft.

Ein bisschen anders war's dann zuhause in Oberbayern. Beim Elternsprechtag ging die Klassenzimmertür ohne Anklopfen auf, eine Mama rauschte herein und haute erst einmal mit dem Schirm, den sie verkehrt herum hielt, fünf- sechsmal auf mein Pult, bevor sie mich aufforderte zu beichten, warum ihr Schorschi da herin so schlecht war.

Vermutlich war's mein Glück, dass sie den Schirm verkehrt herum hielt, denn mit der Spitze nach vorn hätte sie mich wohl abgestochen bei einer von mir ihr nicht passenden Aussage zu ihrem Sohn.

Die Lehrerin in Mittelfranken war übrigens die einzige von uns drei Lehrern, die in ihrem Klassenzimmer einen Gruppenraum hatte.

Dieser war mit Glaswänden und Glastür vom Klassenzimmer abgeteilt und das war auch gut und praktisch so, denn hier hatte sie den ganzen Vormittag über ihre beiden Zwillinge untergebracht und sie damit auch dauernd im Auge.

Der **Vater eines Zweitklasslers** war entweder Hellseher oder er wusste ganz einfach, wie seine Frau kochte. Ich erhielt folgenden Entschuldigungszettel :

Sehr geehrter Herr Lindner ! Wir können unseren Sohn Hansi voraussichtlich am 16. und 17. wegen Brechdurchfall nicht zur Schule schicken. Achtungsvoll, Franz R.

Lang lang ist's her ?

In der Stadt Rosenheim wurde ein Herr Kriegisch, Vorsitzender der Sozialen Wasserburger Wohnungsbaugesellschaft und SPD-Mitglied, zum Oberbürgermeister gewählt.

Er blieb es nur ein paar Wochen.

In seinem Schreibtisch wurden nämlich Bilder von leicht und von gar nicht bekleideten Damen gefunden. Wegen dieses Skandals musste Herr Kriegisch zurücktreten und den Sieg bei der nächsten Wahl errang der Kandidat der CSU.

Damals wie heute plagt mich die Überlegung, wer denn was an diesem Schreibtisch verloren hatte.

Stolz zeigten zwei Erstklassler am Morgen ihre neuen **Gummistiefel** her. Sie hatten die gleiche gelbe Farbe und wurden bewundert.

Mittags wurde ein Drama daraus. In der Garderobe war großes Gejammer. Die Stiefel taten weh, sie passten nicht mehr.

Ich fand ziemlich rasch des Rätsels Lösung : Der eine Bub hatte die beiden linken Stiefel an und der andere die beiden rechten.

Unverrückbar gehört zu meinen Memoiren meine **Oma Emilie**.

Es geht schon damit los, dass sie gar nicht meine Großmutter war, sondern die Tante meines Vaters. Sie hatte ihn aufgezogen nach dem Tod ihrer Schwester. Wir kannten sie also nur als Oma Emilie, und sie lebte ihre letzten Jahre in unserer Nähe.

Sie war Cellistin und Berufsmusikerin gewesen und wegen ihr musste ich ebenfalls Cello lernen, obwohl ich lieber Geige oder noch besser Orgel hätte lernen wollen.

Ihr Hobby war Autofahren. Niemand in der Familie besaß damals eines und sie selbst hatte gar keinen Führerschein. Also wanderte sie zu Fuß in die Stadtmitte von Rosenheim. Irgendwo dort, wo es ihr günstig schien, täuschte sie einen Schwächeanfall vor und ließ sich von einem autobesitzenden Mitleidigen mit dessen Gefährt nach Hause fahren. So konnte sie mit ziemlicher Regelmäßigkeit ihrem Hobby frönen.

Cello hatte sie schon lange keines mehr, aber sie schickte mich ab und zu ins Musikgeschäft und las dann statt eines Buches Partituren.

Was lachten wir Kinder jedesmal, wenn wir bei ihr waren. Also, wir lachten erst beim Heimgehen, denn jedesmal erfuhren wir von einem anderen Wehwehchen, mal zwickte es oben, mal hinten, mal machten die Beine nicht mit, mal funktionierte eine Innerei nicht richtig.

Warum ich sowas erzähle ? Na, das wurde mein Erbe. Oder hat sie sich gerächt ? Je älter ich werde, desto öfter zwickt es mal oben, mal hinten, mal …..

Erinnerungen an die Altvorderen sind einfach zu schön, aber sie an sich hätten mir schon genügt, alles darüber hinaus wäre nicht notwendig gewesen.

Die Welt, die dreht sich rundherum,

um's Eck, das wäre ziemlich dumm.

Sonst käme ja bei jedem Schritt

der liebe Mond wohl kaum noch mit.

Na ja, es ging schon ungefähr,

wenn auch der Mond rechteckig wär.

Ist das Buch zu langweilig ? Dann hätte ich hier **ein Spiel** für alle, egal wie viele Mitspieler. Man nimmt drei Buchstaben und jeder muss einen kleinen Satz daraus machen. Also ganz einfach.

Hier ein Beispiel. Die drei Buchstaben sind, äh, Moment, ach egal, nehmen wir einfach **A** und **f** und **D**.

AfD :   Aktion für Dumme

AfD :   Alle folgen Diktatoren

AfD :   Armseligkeit für Denkfähige

AfD :   Apokalypse für Deutschland

Und das Spiel ist zu Ende, wenn ein Mitspieler einen finalen Satz formulieren kann, wie zum Beispiel :

AfD :   Aus für Demokratie

Um den Kindern **geschichtliche Gegebenheiten** interessanter darzubieten, erfand ich oft zu dem jeweiligen Thema eine fiktive Geschichte.

So auch bei dem Thema „Wie aus Sammlern und Jägern sesshafte Bauern wurden".

Marlies verfolgte meine Erzählung hingerissen, als Bauerstochter war sie dem Thema ganz nahe und kannte sich gut aus mit den Notwendigkeiten bei der Tierhaltung.

Als ich erzählte, wie die Menschen anfingen, sich eine wilde Kuh einzufangen, bei sich hielten und dadurch merkten, dass man sich wegen dieses Tieres um viele Sachen kümmern musste, unterbrach sie mich mit einer wichtigen Frage :

„Wia ham eigentli de Steinzeitmenschn gmerkt, dass a Kuah aa Kaibin kriagn kon ?"

Lang lang ist's her ?

In der Stadt Rosenheim war Oberbürgermeister-Wahlkampf.

Alle rechneten mit einem Sieg des beliebten Lehrers Hans Schneider, Stadtrat und SPD-Mitglied.

Mitten im Wahlkampf gab Schneider auf. Er hatte von einem bekannten Unternehmer einen Posten in dessen Firma in Afrika bekommen und zog mit der ganzen Familie dorthin.

Der Sieg bei der anschließenden Wahl ging an die CSU.

Damals wie heute plagt mich die Überlegung, um wieviel höher das Salär bei einer Käse-Firma als das OB-Gehalt war.

Am ersten Schultag waren **meine Erstklassler** fotografiert worden. Als der Schulfotograf die fertigen Bilder brachte, waren alle furchtbar neugierig, also teilte ich die Klassenfotos aus und jeder durfte seins anschauen.

Dabei herrschte Stille, nur Jules sprach laut vor sich hin :

„Ich bin der Schönste !"

Mein Onkel, der lebt in dem Wahn,

dass Roboter ist jedermann.

Alleine er ist noch normal,

die andern sind aus Draht und Stahl.

Und um das gültig zu beweisen

trägt er bei sich magnetisch Eisen.

Das hält er dir an Bauch und Rücken,

er kann's dir auch ins Auge drücken.

Und wehe dir, es zieht dich an,

mein lieber Freund, dann bist du dran.

Dann wird nicht lange rumgegurkst,

dann hat er dich rasch abgemurkst.

Eine beachtliche **Karriere**

Nein, keine Angst, ich berichte nicht von meiner eigenen. Da gäb's nicht viel zu erzählen. Nein, es handelt sich um die Karriere eines Mannes, von der ich eigentlich niemals erzählen wollte, um ihm nicht zu schaden. Nun lebt er aber seit ein paar Jahren nicht mehr und die Geschichte gehört zu meinen Memoiren, außerdem nenne ich keinen Namen.

Wir kämpften lange Zeit um die Adoption unseres Pflegekindes. Zunächst schilderte uns jeder Fachmann die Sache als aussichtslos. Doch wir hatten mehrmals Glück. Der damalige Leiter des Rosenheimer Jugendamtes war auf unserer Seite. Er stand kurz vor der Pensionierung und wollte die Adoption vorher noch erleben. Und als es vor Gericht ging, bekamen wir ausgerechnet den Richter, der als sehr sozial engagiert bekannt war und ein ruhiger, umgänglicher Mensch war.

Und hier der Kern der Geschichte, die Karriere.

Eine Kollegin von mir war mit einem Juristen verheiratet, er wollte nicht Anwalt werden, sondern bewarb sich beim Landratsamt Rosenheim.

Das Dumme damals für ihn war, er wurde nicht eingestellt, weil seine NPD-Mitgliedschaft bekannt war.

Nach einiger Zeit konvertierte er von der NPD zur CSU. Und nun schaffte er nicht nur, eingestellt zu werden, sondern auch einen Aufstieg bis weit oben in München. In seiner Todesanzeige las ich, welchen Rang er innehatte.

Uns half er in der Zeit, in der wir um die Adoption kämpften, mit juristischen Ratschlägen. Aus diesem Grund habe ich nie mit irgendjemand über ihn geredet. Aber in meine Memoiren gehört diese Geschichte doch hinein, finde ich.

Oma brachte die kleine Erstklasslerin Verena zur Schule. Vor allen Kindern sagte sie laut : „Geh, Herr Lehrer, iahra is oiwei no so schlecht. Wenn's net besser wird, na schickst as ruhig hoam zu mia."

Dann beugte sie sich näher zu mir und flüsterte : „Stimmt ja net. De mog bloß net in'd Schui geh. Derfst as scho sitzn lassn !"

Ich hab nicht gern Besücher,

ich schreibe lieber Bücher.

Kommt jedoch ein Gast mit Kuchen,

dann darf er mich besuchen.

Meist ess ich Stücker drei bis vier,

dann schick den Gast ich schon zur Tür.

Doch bringt er Nachtisch noch ins Haus,

dann halt ich es auch länger aus.

Erkältung und Grippe gingen um. Weil im Klassenzimmer andauernd gehustet und geschnäuzt wurde, gab ich den Kindern den Auftrag, der Mama folgendes zu sagen :

Wenn Mama es auf einem Zettel bestätigt, dann dürfen auch während des Unterrichts Hustengutln gelutscht werden.

Am nächsten Tag brachte Katrin einen Zettel, auf dem stand :

Sehr geehrter Herr Lindner, ich bitte Katrin wegen Husten und grippalen Infekt schnäuzen und husten zu lassen !

In den 50er-Jahren gab es in Rosenheim einen Polizisten, der berüchtigt war als der Radlerschreck. Wir Kinder fürchteten ihn wegen seines barschen Auftretens.

Ich erlebte ihn direkt in Aktion.

Wir wohnten ganz im Westen von Rosenheim und ich fuhr einmal in der Woche zum Gitarrenunterricht in die Musikschule hinten am Ende der Innstraße, also ein schönes Stück Weg mit der Gitarre in einem alten Rucksack auf dem Buckel.

Beim Heimfahren wurde es dunkel. Ich war noch nicht weit gekommen, da sprang eine Gestalt vor mir auf die Straße - der Radlerschreck. Und nun erlebte ich, wie er für Ordnung sorgte.

Er schimpfte laut, weil mein Rad kein funktionierendes Licht besaß, nahm mir die Luftpumpe weg und schraubte bei beiden Reifen die Ventile heraus.

Weder fragte er mich nach meinem Namen noch danach, wie weit ich nun das Fahrrad bis zuhause schieben musste - im Dunkeln. Und mein Heimweg war noch ziemlich lang.

Es lädt der See zum kühlen Bade

Das Geld verprassen find ich schade

Der Mond der lacht von oben her

Das Aufstehn fällt mir gar nicht schwer

Und blühen Blumen dort im Gras

Dann träum ich gern von dies und das

Die Sonne strahlt in hellem Glanz

Wie schön ist doch Musik und Tanz

Noch mehr von diesen schönen Sachen

Könnt ich mit meiner Dichtkunst machen

Geballte Weisheit tiefer Sinn

Da kommt nicht einmal Goethe hin

Jugendsünden   In den 60er-Jahren war ich am Gymnasium einer der Redakteure der Schülerzeitung. Und das Jahr 1968 ist ja nun nicht gerade als langweiliges Jahr in die Geschichte eingegangen.

Ich weiß tatsächlich heute nicht mehr, über wen wir hergezogen sind und auch kein Wort vom Artikel mehr. Jedenfalls kam aus dem Kultusministerium eine Anzeige wegen Beleidigung, und wir Redakteure sollten alle vor Gericht.

Wir bekamen einzeln Termine beim Jugendrichter, der aus uns herausholen sollte, wieso wir uns so im Ton vergriffen hatten und ob es uns nun leid täte. Es war ein längeres Gespräch, an Einzelheiten erinnere ich mich nicht mehr außer, dass mich der Richter fragte, was ich denn einmal werden wollte. Ich punktete bei ihm mit der Antwort Sonderschullehrer (was ich später aber wegen des längeren Studiums nicht umsetzte).

Und dann meldete sich bei uns ein Rosenheimer Rechtsanwalt, der sich erbot, die Sache für uns kostenlos in die Hand zu nehmen. Und so wurden wir nicht zu Kerker verurteilt, sondern nur gebeten, uns zu entschuldigen.

Durch unsere Vermittlung kaufte eine befreundete Familie ein Haus mit Riesengrundstück in unserem **ungarischen Dorf**.

Der Nachbar stellte sich rasch heraus als Helfer, Hausmeister, Berater und zuverlässiger Freund für uns alle.

Es war noch die Zeit, als ein Ungar sich nur ein Ostauto leisten konnte, also Trabi, Skoda oder Dacia (damals alles Firmen im Staatsbesitz).

Die befreundete Familie fuhr einen alten Mitsubishi Lancer, der viele Kilometer draufhatte und wohl nicht mehr durch den TÜV kommen würde.

Ich fuhr dieses Auto nach Ungarn und wir brachten es unserem ungarischen Freund.

Der hatte sich inzwischen die Papiere von einem verschrotteten Auto besorgt und meldete nun den Mitsubishi damit an. Wahrscheinlich floss dabei auch etwas Bakschisch, wie eben in den kommunistischen Systemen üblich.

Endeffekt war jedenfalls, dass unser ungarischer Freund als guter Handwerker noch etliche Jahre stolz mit diesem Auto - einem Westwagen ! – fahren konnte.

Und hier nun endlich eine Meldung aus meiner **privaten Wirtschaftsredaktion** :

Um die Steuereinnahmen zugunsten eines ordentlichen Haushaltes zu erreichen, hat die Regierung nach zweijähriger gründlicher Diskussion folgende Regelung erlassen :

Es werden alle Gedanken besteuert. Gedanken an Einkauf wie Bücher oder Lebensmittel unterliegen dem gemäßigten 7%-Steuersatz. Gedanken an Elektroartikel oder Bekleidung bleiben bei 19% Mehrwertsteuer. Ebenso sind Gedanken an Freizeit oder Urlaubsreisen dem höheren Mehrwertsteuersatz zugeordnet, falls man in Gedanken mit einer Flugreise spielt, kommt wegen des erhöhten CO_2-Anfalles ein dreiprozentiger Zuschlag hinzu. Bauern, die an die Ernte oder an die aktuell nötige Arbeit denken, zahlen ebenfalls 19 %, bekommen allerdings aus EU- und Landestöpfen diverse Subventionen, die aber eingegrenzt werden können, falls der Bauer in Gedanken plant, verschiedene Grundstücke mit einer Hecke abzuteilen. Außerdem entfällt für Landwirte die Mehrwertsteuer ganz, wenn sie sich Gedanken machen, wann sie demnächst tanken oder Heizöl bestellen. Auf Druck des kleineren Koalitionspartners wird zusätzlich eine Luxussteuer eingeführt für Gedanken an den Bau von Schwimm-Pools über 5,5 qm sowie die

Anschaffung eines Zweitmotorrads in Metallic-Farbe, denn wer teurer denkt, der soll auch mehr bezahlen für die Gemeinschaft, ausgenommen davon sind lediglich Zweitmotorräder, die mindestens dreimal pro Woche genutzt werden von Hausangestellten. Noch nicht einig ist man sich, wie Gedanken an Erbmasse besteuert werden sollen, z.B. wird 7%ige Mehrwertsteuer erwägt bei Vererbung von Immobilien und selbstgemalten Bildern, hingegen soll es bei Vererbung von Sparstrümpfen, die mehr als halbvoll sind, bei den geplanten 19 % bleiben.

Eigentlich wollte man sich noch darüber Gedanken machen, die Regierung hat aber nun anders entschieden. Ab dem 17. Januar nächsten Jahres wird bei der Besteuerung die sogenannte Tausch-Methode eingeführt, benannt nach Otto Leberecht Tausch, einem der 17 Wirtschaftswaisen, die die Regierung regelmäßig verraten. Die Steuer, die bisher monatlich vom Arbeitslohn abgeführt wurde, entfällt dann für alle Bürger ersatzlos. Im Tausch-Verfahren erhält der Staat dafür den Rest des Einkommens. Eine jährliche Einkommensteuererklärung wird damit überflüssig.

Das Finanzamt kann aufgelöst werden und die hier frei werdenden Beamten werden in eine neu zu gründende Anti-Bürokratie-Abteilung übergeführt und überwachen ab dann den Abbau von Bürokratie, wobei sie jeden Schritt zu dokumentieren haben und zum einen Bericht abliefern sollen an eine neu zu gründende Kontrollabteilung, die die neu gegründete Anti-Bürokratie-Abteilung regelmäßig prüft und stets dem Unterausschuss des Kontrollorgans der freiwilligen Bundestagsabgeordneten Rechenschaft abgibt, und zum andern in schriftlichen Berichten den Wirtschafts-Waisen die Grundlagen für sach- und selbstgerechte Beurteilungen dieser Anti-Bürokratie-Arbeiten liefern können.

Mit einzelnen **Magnetbuchstaben** an der großen Tafel die ersten Wörter zusammenzubasteln machte den Erstklasslern sichtbar Spaß.

Manchmal kam nichts Gescheites zustande, aber dafür ist ja der Lehrer da, er kann helfen.

Auch Matthias setzte nur Verwursteltes zusammen aus den einzelnen Buchstaben, aber bevor ich eingreifen konnte, drehte er sich zur Klasse um und kicherte :

„Des kon i etza sejba net lesn !"

Mein Onkel, der lebt in dem Wahn,

dass man ihm Unrecht angetan.

Er wollte doch beim Lottospielen

Den Hauptgewinn gar nicht erzielen.

Jetzt ist er millionenschwer

und grade das ärgert ihn sehr.

„Ich räche mich, das kommt euch teuer,“

sagt er, „ich zahle ab jetzt doppelt Steuer !"

Es stört die Nachbarn hie und da

Hundegebell und Kinder-Trara.

Die Störung ganz zu unterdrücken

wird keinem Menschen jemals glücken.

Drum suche ich nach neuen Wegen

den Lärm zu mindern, doch dagegen :

Es will mir einfach nicht gelingen,

dass meine Hunde Lieder singen.

Reporter unterwegs

Was heißt hier unterwegs, weit hatte er es ja nicht. Immerhin gelang es ihm, den Autor dieses Buches endlich einmal gründlich intervieven zu können. Aus Zeitspargründen ist der Reporter nur REP und der Autor nur AU.

REP: „Vielen Dank, dass Sie sich für ein Gespräch zur Verfügung stellen. Wieso haben Sie so viele Bücher nacheinander geschrieben?"

AU: „Also zum einen stelle ich mich auf keinen Fall hin, ich bleibe sitzen. Zum andern, ich hab's probiert, die Bücher alle gleichzeitig zu schreiben, aber danach hätte ich ein neues Gehirn gebraucht und auf der Warteliste für Hirnspenden stehe ich ganz unten."

REP: „Wie kamen Sie überhaupt zum Schreiben und wie erklären Sie sich den umwerfenden Erfolg?"

AU: „Ja, zum Schreiben kam ich mit, äh, mit ziemlich genau sechs Jahren, das hab ich in der ersten Klasse gelernt. Und die Erfolge, ich weiß nicht, könnte das eventuell an den Verkaufszahlen liegen?"

REP: „Können Sie das verdeutlichen? Haben Sie vielleicht Verkaufszahlen zur Hand?"

AU: „Aber selbstverständlich. Über das welt-
weite Internet habe ich 11 Bücher verkauft,
davon eines tatsächlich in Amerika, und in
unserem Dorfladen hier im Ort 28 Stück !"

REP: „Darf ich Sie noch fragen, was Sie für die
Zukunft geplant haben ?"

AU: „Ja, da hab ich mich schon festgelegt. Auf
den Januar lass ich den Februar folgen, auf
den Februar dann den März und auf den …."

REP: „Vielen Dank für das Gespräch."

Ich erzähle so gern **Anekdoten,**

doch jetzt hat man mir das verwehrt

und auch meine Schwäche zum Dichten,

das wollen die Leute mitneffen.

Eine Frau sagte öd

die Geschichten sind dumm.

Das Buch wird nicht gut

Schrie mein Enkel voll Charme,

es ist zum Haare ausraufen,

wer soll denn bloß dieses Buch leihen ?

Drum sage ich gleich hier und heute: Ich bau auf die Dummheit der
Menschen.

Adolf Barbknecht war der beste Freund meines Vaters. Für uns Kinder war er einfach Onkel Adi und der Onkel auf Platz 1 der Beliebtheitsskala.

Er war zwar schon mit der zweiten Frau verheiratet, hatte aber zu seinem größten Bedauern keine Kinder in die Welt gesetzt und wir mussten das ausbaden.

Wenn wir Ältere bereits müde lächelten über meinen jüngeren Bruder, der schon zum tausendsten Mal : „Räuber, hallo, Räuber !" rief, dann rannte Onkel Adi eben zum tausendsten Mal zum Fenster, riss es auf und schrie hinaus: „Hilfe, Leute, Hilfe !"

Beim nächsten Besuch winkte er uns heran, grinste bis über beide Ohren und flüsterte uns zu : „Gestern ist der Herr Sowieso gestorben, wie er auf dem Klo saß. Der hat da wirklich seinen letzten Dreck geschissen."

Wenn es langweilig wurde, dann fand Onkel Adi schon was. Er wanderte mit uns auf den Balkon und zeigte uns, wie man von hier oben Korken auf die Leute werfen konnte und wie man sich danach blitzschnell wegduckte. Als mein Vater dazukam, warf Onkel Adi noch einmal gezielt und sagte sofort : „Alfons, schau mal runter, kennst du den ?"

Doch meine schönste Erinnerung ist die an ein Auto.

Anfang der Fünfziger-Jahre, als sich kaum jemand ein Auto leisten konnte und an einem Vormittag vielleicht drei solche Wunschträume vorbeifuhren, kaufte sich Onkel Adi einen Fiat 500, ein kleines, liebes Auto. Wir waren begeistert, ich erinnere mich noch an eine Fahrt zum Chiemsee, in der ich stolz hinten drin saß.

Aber der Wagen blieb nicht lange in Onkel Adis Besitz.

Tante Trulla, uns Kindern gegenüber nie streng und doch eine resolute Dame, merkte viel zu schnell, dass das Wägelchen stetig am Geldbeutel knabberte. Steuern, Benzin, womöglich irgendwann noch Reparaturen, nein, Geld ist zum Sparen da.

Kurz und nicht so gut, Onkel Adi musste den Wagen wieder verkaufen, da kannte Tante Trulla keine Gnade.

Ich weiß noch, dass ich bodenlos enttäuscht war. Was Onkel Adi dachte und empfand, ist mir nicht bekannt. Er wurde wieder Radfahrer und blieb für uns der lustige Onkel.

Ein Bekannter, der gerne **Memoiren** von berühmten Leuten liest, klärte mich darüber auf, dass man in seinen Memoiren aufzeigen muss, woher man abstammt und wie man so verschroben geworden ist, wie man ist.

Also gut, das seh ich ein. Hier erfahren Sie von mir Persönliches, das preiszugeben ich eigentlich nicht vorhatte.

Meine Mutter ist im Erzgebirge geboren, mein Vater in Rom. Wo anders als eben in Bayern hätte ein solches Paar seine Kinder aufziehen können.

Meine Brüder sind blond, ich bin schwarzhaarig, also ich war's zumindest vor der Zeit mit Glatze. Als Baby und als Kleinkind war ich von Kopf bis Fuß, man sieht es auf allen Fotos, von so dunkler Hautfarbe, dass sich damals die Nachbarn sicher waren, **die** hat was mit einem Ami gehabt und zwar mit einem der Amis, die bei Amerikas Eintritt in den Weltkrieg nicht gleich an vorderster Front mitkämpfen durften, weil man verhindern wollte, dass es farbige Helden geben könnte. Später in meinem Leben stellte sich heraus, dass ich als einziger das gleiche Gesicht, das gleiche Getue wie mein Vater habe, der übrigens auch nicht blond war.

Ach, übrigens Ami. Wenn sich bei uns irgendwann auch so Trumpsche Gesinnungsgenossen durchsetzen und ihre Remigration durchführen, dann weiß ich ja nicht, in welches Hintergrundsland sie mich zurückschicken werden, nach Rom oder ins Erzgebirge ?

Vielleicht machen sie einen Kompromiss und schieben mich nach Österreich ab.

Das **Gendern** ist doch heutzutage

die große Mode, keine Frage.

Gegendert wird jetzt jeder Mist,

weil das nun einmal nötig ist.

Das würde ich zu gerne nun

bei meinen Hunden auch noch tun.

Bei Tieren geht das aber nicht,

denn hier gilt die Gesetzespflicht

(die ist zum Weinen, nicht zum Lachen)

die Tiere gelten nur als Sachen.

Schon vor etlichen Jahren sagte einer meiner Brüder zu mir : Wenn du wirklich mal deine **Memoiren** schreibst, dann schreib auch was Lustiges dazu. Was Lustiges ? Wo soll ich jetzt was ….? Vielleicht was Politisches ?

Als Gymnasiast und als Student war ich aktiv bei den Jungsozialisten, auch in irgendeinem Vorstand, vielleicht auf Orts- oder Landesebene, das weiß ich nicht mehr so genau. Wenn Sie das brennend interessiert, dann fragen Sie doch im bayerischen Kultusministerium nach, die haben das damals aufnotiert und eventuell noch nicht weggeworfen.

Ich war mit dem Lehramtsstudium fertig und wartete den ganzen August auf den Bescheid, an welcher Schule in welchem Ort ich mit dem Unterrichten beginnen sollte.

Ende September, als alle anderen, mit denen ich studiert und auf die Prüfungen gebüffelt hatte, aktiv vor ihren Klassen standen, saß ich immer noch daheim.

Der Grund war wohl die Politik, und genau diese löste auch mein Problem.

Im Gegensatz zu Bayern hatten damals die Roten in Bonn, der damaligen deutschen Hauptstadt, das Sagen. Der Rosenheimer SPD-Bundestagsabgeordnete Schorsch Bamberg sprach den Justizstaatssekretär Schorsch Kronawitter an und dieser schrieb einen Brief an die Regierung von Oberbayern. Antwort bekam er keine, aber ich einen Brief mit Einsatzbefehl nach Mittelfranken. Dort durfte ich ein Jahr lang zwei Klassen mit insgesamt 48 Kindern gleichzeitig unterrichten.

Schorsch Kronawitter wurde übrigens später Oberbürgermeister in München, aber nicht wegen mir.

So, und was war jetzt lustig an dieser Geschichte ? Zum zweiten Dienstjahr wurde ich in den kleinen Ort versetzt, in dem ich heute noch lebe. Als ich mich damals dem Rektor vorstellte, musterte er mich, ich war mager und durchschnittlich groß, ganz erstaunt und rief : „Sie sehen ja ganz anders aus ! Das Schulamt hat mir mitgeteilt, da kommt ein mächtiger Mann !"

Er hatte deswegen eine Art Bodybuilder erwartet und der Herr Schulrat hatte es ganz anders gemeint.

Und obwohl wir beide unterschiedliche politische Ansichten hatten, gab es nie Konflikte zwischen uns beiden : Wir waren beide Musiker. Er fragte mich gleich zu Anfang, ob ich den Schulchor übernehmen wolle, und als ich mit *gern* antwortete, war er in jeder schulischen Angelegenheit auf meiner Seite. Was immer ich wollte und brauchte, wurde von ihm genehmigt und sofort angeschafft.

Und zur Vollständigkeit meiner Memoiren : Mein Schulchor trat regelmäßig auf, auch auf großen Landkreisbühnen, und wir waren sogar auf Schallplatte.

Zum Füllen, da brauch ich noch ein **Gedicht**,

doch was Gescheites, das weiß ich nicht.

Von allem, da habe ich schon berichtet,

zu jedem Quark auch schon was gedichtet.

Jetzt weiß ich eigentlich nichts mehr,

Verstand und Hirn sind ziemlich leer,

das macht die Sache nur noch schlimmer.

Dann schreib ich halt :

Den gleichen Mist wie immer.

Tierische **Helden des Alltags**

Vor etlichen Jahren wohnte eine Familie im Dorf, die einen Papagei namens Enrico besaß. Wie so viele von diesen gelehrigen Tieren konnte auch dieser so einiges sprechen.

Das Besondere an diesem Vogel aber war, dass er frei fliegen durfte. Er war weder in Käfig noch in Wohnung eingesperrt. So gut wie überall im Dorf kannte man den Papagei.

War eine Veranstaltung am Sportheim, dann konnte es gut sein, dass der Vogel dabei war, irgendwo saß und vor sich hin plapperte.

Ließ das Wetter es zu, dann holte er sein Herrchen, den Sohn der Familie, mittags von der Schule ab. Wie beneideten die anderen Kinder den Glücklichen.

Im ganzen Dorf freuten sich die Leute, wenn der Papagei über die Köpfe hinwegrauschte und dabei mit heller Stimme schrie :

„Wo is er denn, der Enrico, wo is er denn, der Enrico !"

Ewig muss an mir herumgemeckert werden ! Ihr Leser seid nie zufrieden ! Einen **Lebenslauf** soll ich schreiben !

Also gut. Mein ganzes Leben.

Als Baby war ich ziemlich undicht, es blieb mir nichts übrig, ich musste Dichter werden.

Als Kind war ich so jung, dass ich beschloss, älter zu werden.

In der Pubertät fehlte es mir an sittlicher Reife, aber trotz Druck von medialer Seite hatte meine Suche danach keinen Erfolg.

Als Erwachsener passte ich mich zu oft an die gängigen Normen an, auch wenn sie nicht meiner Kleidergröße entsprachen.

Bleibt noch die Zeit, wo ich den Löffel abgeben werde, aber da brauchen Sie nicht drauf warten, denn ich werde nicht sterben. Ich lasse mich nämlich für spätere Zeiten einfrieren.

Da ich allerdings mit zunehmendem Alter auch immer kälteempfindlicher werde, ziehe ich dazu lange Unterhosen an.

Da ich etwas für die **Schule** besorgen sollte, brachte ich während der Pause ein paar größere Schachteln zu meinem Auto. Die Zweitklasslerin Kathrin, die gerade in der Nähe ihr Pausenbrot aß, kam her und fragte :

„Roast du scho hoam ?"

Raubtiere schlafen viele Stunden,

nicht anders ist's bei meinen Hunden.

Und Herrchen und Hund, so hör ich sagen,

gleichen sich an nach vielen Tagen.

Ich hoffe nicht, dass wir das schaffen,

ich will nicht, dass Hunde aussehen wie ….

Die **Zweitklasslerin** Sabine schüttelte den Kopf und erzählte :

„Mei Papa is vielleicht dick !"

Sie zeigte auf die Lehrerin und fügte hinzu :

„So dick wia du."

Es ist mir sehr peinlich, da ich aber vom Charakter her den Mut zur Feigheit habe, berichte ich auch über **meine politische Laufbahn**. Das hat gar nichts mit persönlicher Eitelkeit zu tun, denn dieses Wort ist mir völlig fremd und ich wüsste außer Angeben auch nichts damit anzufangen. Also hier meine Karriere, die von Kindern zunichte gemacht wurde.

Zwölf Jahre lang verschlief ich meine Abende im Bad Feilnbacher Gemeinderat. Und dass Diskussionen und Sitzungen manches Mal länger dauerten, lag garantiert zuletzt an mir. Stets bewunderte ich die Kollegen, die dann, wenn der Bürgermeister die Diskussion für beendet erklärt hatte, sich noch einmal zu Wort meldeten und insbesondere das, was längst völlig klar war, von vorne aufrollten.

Recht bald hatte ich gelernt, dass landwirtschaftliche Gemeindevertreter einen Trottel, der nur die Ausbildung zu einem Lehramt besaß, nicht für voll nehmen konnten und auf einen solchen nur herabsahen. Und es ist ja auch durchaus logisch, wer nicht einmal weiß, wann man pflügen und düngen muss und auch keine Kuh melken kann, wieso um Himmels Willen sollte der mitreden können.

Erschwert wurde das Ganze außerdem, dass zur damaligen Zeit die Schwarzen (ich rede hier nicht von der Hautfarbe, denn solche

Menschen gab es damals eher selten, schon gar nicht in einem Gemeinderat) also dass die Schwarzen damals in Bayern die absolute Mehrheit hatten und die winzige Minderheit, in der ich saß, ihre Vorschläge zunächst abgelehnt bekam und danach erlebte, wie sie zwei-drei Jahre drauf als Erfindung der Schwarzen unter Jubel verwirklicht wurden.

Nun ist es nicht so, dass ich deswegen beleidigt bin, nein, so ist nun mal Politik. Ich habe ja auch Schönes erlebt. Zum Beispiel habe ich mich in noch relativ jungen Jahren zur Bürgermeister-Wahl aufstellen lassen.

Das erfreut mein schlichtes Gemüt heute noch, denn ich habe mit Pauken und Trompeten haushoch verloren. Gründe dafür finde ich viele.

Zum einen gab es welche, die sagten, der junge Kerl soll sich erst einmal im Gemeinderat bewähren und später gereift und mit Erfahrung antreten. Sie hätten mich aber später auch nicht gewählt wegen der Farbe meines Parteibuches.

Zum zweiten gab es natürlich welche, die mich nicht mochten. Das beruhte auf Gegenseitigkeit.

Als drittes hatte ich zwei Gegenkandidaten. In jedem der beiden großen Teile der Gemeinde war ein eigener Kandidat aufgestellt worden, gegen die ich antreten musste. Einer davon war der bisherige Zweite Bürgermeister, der mich in Diskussionen mit all seinen unwiderlegbaren Argumenten, die er in dicken Aktenordnern dabeihatte, übertrumpfte. Das Wichtigste aber war : Beide meiner Gegenkandidaten besaßen das CSU-Parteibuch.

Am meisten aber schadete mir das Verhalten der Schulkinder. Wie mir etliche Mamas damals erzählten, hatten sie eine Aktion ins Leben gerufen gegen meine Kandidatur. Jedes Kind sollte Großeltern, Verwandte, Nachbarn und Bekannte dazu bringen, ja nicht den Lindner zu wählen. Sie wollten mich als Lehrer behalten.

Nie würde ich es wagen

An Sonn- und Regentagen

Nach mehr als Glück zu fragen

Ich könnt es kaum ertragen

Wenn Schönheit Wohlbehagen

Mich quälen und mich plagen

Wenn Leute etwas andres sagen

Dann platzt mir rasch der Kragen

Die Europäische Behörde **Korruptions-Bekämpfung** stuft Ungarn als dringlichsten Fall ein. Zu Recht. Allerdings machen wir mit.

Ob du als Deutscher etwas bauen, dein Auto reparieren oder etwas kaufen willst, niemand stellt die freiwillig eine richtige Rechnung aus.

Wozu die EU Ungarn drängt, wird äußerst schwierig umzusetzen sein. Tief Verwurzeltes lässt sich nicht so einfach ändern. Und so kann's aussehen :

Du kaufst ein Grundstück. Der Verkäufer möchte nicht den gesamten erzielten Kaufpreis versteuern, also wird der Preis ausgemacht, den der Verkäufer haben will, und ein zweiter niedriger, der im Kaufvertrag erscheint.

Wer jetzt denkt, er könnte auf solche Weise den Verkäufer hereinlegen und tatsächlich nur den niedrigeren Preis bezahlen, irrt sich.

Der ungarische Rechtsanwalt, der auch die Notar-Funktion übernimmt, setzt den Kaufvertrag mit der niedrigeren Summe auf. Bei der Beurkundung lässt er sich aber vom Käufer die volle Summe übergeben und zählt das Geld.

Dann übergibt er die höhere Summe dem Verkäufer und bestätigt die im Kaufvertrag niedrigere.

Jetzt kommt unser Mitmachen ins Spiel.

Auf die Frage, wie lange es dauern wird, bis man im Grundbuchamt als neuer Besitzer eingetragen ist, lautet die Antwort : Man hat zwar sofort nach der vor dem Rechtsanwalt geleisteten Unterschrift volle Verfügungsgewalt über das Grundstück, ein Grundbuchauszug kann aber bis zu zwei Jahre dauern. Schneller geht's natürlich, wenn man …..

Na, und welcher Deutsche macht sich da nicht mitschuldig am Problem Korruption ? Natürlich zahlt man gern noch mal zwanzig Euro und hält dann nach schon zwei Wochen den Grundbuchauszug in Händen.

Und die Moral von der Geschicht :

Reden und Schimpfen lässt sich leicht. Wenn's an den eigenen Geldbeutel geht, erliegt man doch rasch der Versuchung.

1973 wurde die Bahnlinie Aibling – Feilnbach eingestellt. Im Laufe der nächsten Jahre verschwanden die Gleise und aus der Trasse wurde mit einigen Veränderungen ein Rad-Wander-Weg.

Die Einweihung fand da statt, wo Auer Gebiet beginnt. Anwesend waren die beiden Bürgermeister der Gemeinden Bad Feilnbach und Bad Aibling sowie, damit die Geschichte für die Presse etwas fülliger aussehen konnte, zwei Klassen der Auer Schule mit ihren Lehrern. Einer davon war ich.

Als die Kinder aus den Gesprächen heraushörten, dass beide Bürgermeister den gleichen Namen hatten, beide hießen Josef Riedl, gab es großes Gekichere und Geplappere.

Mein Kollege schlug daraufhin vor, man sollte den Wanderweg doch „Josef-Riedl-Weg" nennen, da kämen beide gut weg.

Die Kinder kicherten wieder, und dann kam ein noch besserer Vorschlag : Wenn schon Radlweg, dann doch „**Riedl-Radl-Weg**".

Leider wurde dieser Vorschlag nicht umgesetzt. Schade. Es wäre ein Name gewesen, den man sich gut hätte merken können.

Mein Onkel, der lebt in dem Wahn,

dass Wahnsinn eine Sucht sein kann.

Er meint, er muss in allen Dingen

den Wahnsinn bis zur Spitze bringen.

Erst tobt, dann wütet er und flucht

Und jammert über seine Sucht.

Beklagt es sich bei mir, dann sag ich nur:

Mach doch eine Entziehungskur !

Na gut, es gibt schon auch was, was wir in unserer Jugend leichter hatten als die Jugendlichen heute. **Mein Führerschein**.

Der Vater eines Freundes hatte eine Fahrschule. Dort machte ich meinen Führerschein. Die Fahrschule hatte den seltenen Namen *Fahrschule Müller*.

Die erste praktische Stunde sah so aus : Herr Müller ließ mich auf der Fahrerseite einsteigen. Der Wagen war übrigens ein kantiger Opel Kadett.

Dann fragte er: „Konnst du fahrn ?" Als ich bejahte, meinte er nur: „Dann fahr zua."

Er packte seine Pfeife aus, rauchte kleingeschnittene Trockenpflaumen und ließ mich fahren, wie und wo ich wollte.

Ich brauchte neun Stunden und bezahlte insgesamt 240 Mark.

Bei der praktischen Prüfung lobte der Prüfer meine Umsicht, sagte aber am Schluss, leider seien die Führerscheine nicht rechtzeitig fertig ausgestellt worden und ich könnte meinen so in zwei, drei Wochen abholen.

Himmel, **ihr Leser nervt** ! Jetzt moniert einer, dass ich mich nur selbst beweihräuchere und kein Wort verliere über meine Fehler. Na gut, ein letztes Mal gehe ich auf eine solche Anregung ein, aber dann muss Schluss sein mit dem Gemeckere.

Zunächst ein Hinweis in eigener Sache :

Punkt 1 bei der Fehlerauflistung ist meine Privatansicht und nicht für die Öffentlichkeit bestimmt. Sollten Sie eine Person derselbigen sein, dann untersage ich Ihnen hiermit, den angesprochenen Punkt 1 zu lesen. Beginnen Sie in diesem Falle mit Punkt 2.

Meine Fehler :

Pkt 1 : Ich bin absolut fehlerfrei.

Pkt 2 : Ich bin ein notorischer Lügner. Ich lüge in allen Lebensliegen und -lagen. Selbst wenn ich einmal die Wahrheit sage, ist diese gelogen.

Pkt 3 : Ich bin kein guter Gitarrist. Als ich an der Schule Gitarrenunterricht gab, war da ein Drittklassler dabei, der jede Übung besser spielte als ich.

Pkt 4 : Ich mache mich sehr gern lustig über die Fehler anderer, dabei hab ich selbst den Fehler, dass ich Fehler habe.

Pkt 5 : Ich schreibe stur und ohne auf Warner und Mahner zu hören ein Buch nach dem anderen, obwohl jedes Jahr der Literatur-Nobelpreis an andere Schreiberlinge geht, die ich nicht einmal kenne.

Pkt 6 : Ich kann Tiere, mit Ausnahme von Hunden und Katzen und Vögeln und Eichhörnchen und Erdmännchen und Tigern und Löwen und Schildkröten und Siebenschläfern und Robben und Elefanten und Delfinen und Pumas und Füchsen und Fischen und Mäusen und Schmetterlingen und Bienen und Wölfen und Eseln und Igeln und Heuschrecken und Kängurus und Pandas und Regenwürmern und Koalas und Kolibris und Grillen und Enten und Gänsen und Krabben und Krebsen und Lamas und Schwäne und Maulwürfe und Ratten und Käfern und Kamelen und Lamas und Dromedaren und Affen und Fledermäusen und Giraffen und Nashörner und Luchsen nicht leiden, insbesondere Schlangen und Skorpione und Krokodile.

Pkt 7 : Ich bin der geizigste Verschwender, den man sich überhaupt vorstellen kann.

Pkt 8 : Ich habe seit einiger Zeit die dumme Angewohnheit, Sätze immer mit ich zu beginnen.

Ich habe einen Uhrentick

In jedem Zimmer hängt ein Stück

Da schaut man hin und weiß die Zeit

Vorausgesetzt sie läuft gescheit

Zur Sicherheit da geh ich immer

Rundum in alle Uhrenzimmer

Und nimm den Mittelwert sodann

Damit ich zeitlich denken kann

Mit Funkuhr ist das nichts mehr wert

Das blöde Ding geht nie verkehrt

Mein Chef und ich waren verschiedener Meinung, was Politik betrifft, das hab ich schon erwähnt. Zudem hab ich nichts mit Religion am Hut, mit der Katholischen Kirche schon gar nicht. Das war aber nie Grund zum Streit. Wir haben tadellos zusammengearbeitet.

Eine solche **Zusammenarbeit** war ein öffentlicher Auftritt, an den ich mich gerne erinnere, den ich heute noch vor Augen habe.

Eine Lehrerin studierte mit ihren Kindern Volkstänze ein, die Musik dazu kam nicht vom Band, die lieferten wir.

Wir, das sah auf der Bühne in den Augen vieler ulkig aus. Zwei spielten - heute würde man unplugged sagen - ohne Elektronik und einer modern, mit Verstärker.

Mein Chef spielte Akkordeon, der damalige schon ältere Pfarrer Geige und ich mit dem Elektrobass.

Etliche Zeit steckten wir in Proben, und wenn auch in meinen Augen die beiden anderen nicht immer exakt den Takt hielten, vor allem der Pfarrer zog mit seiner Geige die Melodie oft länger, es wurde eine stimmige und gelungene Aufführung.

Nach – Wort :

SCHLUSS

Schade. Zu gerne hätte ich weitergeschrieben, ich hab noch genug verkorkste Ideen im Hirn.

Aber was soll ich machen bei diesem Nachwort

Ich widme dies also meinem Deutschlehrer im Gymnasium, der zu mir sagte : „Lindner, Ihre Aufsätze sind ganz passabel, aber Sie haben zu wenig Fantasie."

Das erklärt vermutlich die ganze Misere.

Oh, nicht doch, nicht doch, ihr beschämt mich ja. **Ihr Leser** seid ja doch die Besten. Hört ihr es ? Wie sie rufen : Zugabe, Zugabe ! Ich nehm alles Boshafte, was ich über euch gesagt, gedacht und geschrieben habe, zurück.

Als Musiker würde ich jetzt als Zugabe eine kleine Eigenkomposition spielen, als Schreibtäter könnte ich vielleicht mein Lieblingsgedicht noch mal ...

Nein, wir machen's ganz anders. Überlegen wir mal, über welchen Blödsinn hab ich noch nichts gedichtet, über welche Unwichtigkeit aus meinem Leben noch nichts geschrieben, aus welcher Ecke meines walnussgroßen Hirns floss noch nichts aus ? (Haben Sie schon mal im Hirn oder in einer Walnuss eine Ecke gesehen, also ein dämlicher Ausspruch.)

Und genug überlegt. Es fehlt noch was für Kinder. Ein Märchen. Kommt jetzt.

Märchen vom kleinen König, der immer, wenn er sauer war, was trinken musste

Der kleine König war sauer. Also eigentlich richtig stinkesauer. Er hatte es wieder einmal nicht geschafft, sich durchzusetzen. Durchsetzen, das bedeutet, dass die anderen endlich das machen, was man vorgeschlagen hat.

Heute Vormittag war im großen Saal des Königsschlosses eine ganz besondere Versammlung gewesen. Der kleine König hatte alle wichtigen Leute da, viele seiner Ritter, ein paar von seinen Freunden, die Bürgermeister aus den Dörfern und noch andere Leute.

Der kleine König hatte gesagt : „ Ich finde es gar nicht richtig, dass bei uns nur ein einziger alles bestimmen kann, nämlich ich. Eigentlich sollten wir zehn oder von mir aus zwanzig Leute auswählen und die sollten alles Wichtige gemeinsam besprechen und dann bestimmen, was passieren soll. Meint ihr nicht auch ?"

Aber da hättet ihr die Ritter und die Freunde und die Bürgermeister und die anderen hören sollen.

„Du machst das doch ganz gut," meinten die Freunde, „warum sollten wir das ändern ?"

„Kommt nicht in Frage," riefen die Bürger-
meister, „da machen wir auf keinen Fall mit !
Wir haben sowieso schon so viel Arbeit, da ha-
ben wir ja gar keine Zeit für sowas. Nein, nein,
es bleibt so wie es jetzt ist."

„Uns hat doch kein Mensch beigebracht, wie
man wichtige Sachen bestimmen kann," die
Ritter waren auch ganz energisch, „und außer-
dem interessiert es uns überhaupt nicht, wenn
man was bespricht. Wir wollen lieber draußen
im Hof mit den Schwertern üben oder mit den
Pferden durch Wald und Feld reiten. Eigentlich
lieber über die Felder, denn im Wald da stol-
pert man so oft."

Na toll. Keiner wollte das, was der kleine König
vorgeschlagen hatte. Und deshalb war er
sauer. Richtig stinkesauer. Und immer, wenn
er sauer war, bekam er furchtbaren Durst. Zu-
erst ließ er sich ein Glas Wasser bringen und
trank es aus.

„Na ja," sagte er, „schmeckt ja nach gar
nichts. Da bleib ich weiter sauer. Gibt's denn
nix anderes zum Trinken ?"

Da brachte ihm ein Diener Orangensaft.

„Na gut," meinte der kleine König, „schme-
cken tut's schon. Aber es ist so süß, da wenn

ich mehr trink, dann kann ich das Zeug nicht mehr sehen. Bin ich immer noch sauer."

Da brachte ihm eine Dienerin Apfelsaft.

„Sehr gut, sehr gut," rief der kleine König, „das schmeckt prima. Aber ich glaub', wenn ich mehr als fünf Gläser davon trinke, dann krieg ich Durchfall. Dann bin ich doppelt sauer, oben und unten."

Und kaum hatte er das gesagt, kam ihm eine Idee.

„Ich verkünde hiermit einen Wettbewerb," sagte er zu allen Leuten. „Wer mir was zum Trinken bringt, das ich noch nicht kenne, der darf entscheiden, ob ich alles bestimmen soll oder zwanzig Leute. Und das Trinksach darf nicht zu süß sein und muss trotzdem gut schmecken !"

Aus dem ganzen Land brachten die Menschen Getränke. Der eine brachte Wein, eine Frau brachte Johannisbeerschorle, ein dicker Mann Weihnachtsbier und andere brachten Wurzelsaft und Tomatensaft und selber gemixte Käferlimonade und sonst was.

„Ist mir zu süß," sagte der kleine König bei dem einen.

„Puh, da wird man ja besoffen," rief er beim anderen, „sowas kommt nicht in Frage !"

Nichts war ihm recht, bei allem musste er was kritisieren, also kritisieren, das ist, wenn man sagt, was einem nicht passt.

Und plötzlich war alles anders.

„Oha," meinte der kleine König, „das hier, glaube ich, ist das Richtige. Es ist nicht zu süß, schmeckt ein bisschen ungewohnt, aber sehr gut."

Er hielt das Glas hoch und rief : „Von wem ist das ? Das ist das Richtige !"

Er schaute sich um und rief noch einmal, aber lauter : „Von wem ist das ? Und vor allem, was ist das denn ?"

Da kam aus der Menge Leute ein Mädchen nach vorn. In der Hand hatte sie eine Flasche, in der genau dieser Saft drin war, der dem kleinen König geschmeckt hatte.

„Des is a Gejbe-Ruam-Saft," sagte das Mädchen, das ein hübsches Kleid anhatte und das der kleine König schon mal in einer Zeitung gesehen hatte, ein Dirndl-Gwand, „wenn'sd as net vastehst, do sogt ma aa Karottnsaft dazua. Des is net so siaß und ma konn des oiwei, am Vormittog genauso wia am Namiitog dringa. Und gsund is aa no."

Alles, was das Mädchen gesagt hatte, hatte der kleine König nicht verstanden, aber das brauchte ja niemand wissen. Er bestimmte, dass das Mädchen entscheiden sollte über seinen Vorschlag.

„I sogs aba net laut," meinte sie vor allen Leuten, ging zum kleinen König und flüsterte ihm ins Ohr.

Der kleine König hörte zu, dann stand er auf und rief : „Jawohl, so wird's gemacht ! Und niemand darf meckern ! Alle Ritter, alle Bürgermeister, überhaupt alle Leute müssen ab jetzt Karottensaft trinken !"

Als die Menschen ihn alle erstaunt ansahen, kicherten die zwei, das Mädchen und der kleine König.

„War doch bloß ein Witz," rief der kleine König, „jeder kann trinken, was er will. Mir schmeckt der Karottensaft. Und ab jetzt wird's so gemacht ……"

Und er erklärte den Leuten, dass ab jetzt immer jedes Jahr zwanzig Frauen und Männer ausgewählt werden, und die müssten alles Wichtige besprechen und bestimmen. Aus, basta ! So wird's gemacht !

„Und da kloane Kini is aba oiwei dabei und derf mitredn," rief das Mädchen, „weil der hot ja de Idee g'habt !"

Da freuten sich alle Leute, klatschten in die Hände und es hieß : „Bravo ! Bravo ! Jawohl, so wird's gemacht !"

Und alle schenkten sich Karottensaft ein und lobten das Mädchen und den kleinen König.

Und jetzt ist wirklich Schluss, denn das mach ich jetzt auch. Also nicht den kleinen König loben, obwohl er's verdient hat, sondern Karottensaft trinken Der schmeckt mir nämlich prima. Und gesund ist er auch.

Wia konn ma denn so deppat sei

und so an Kas do schreim

des sogt mei Frau zu mia oiwei

kumm lass des Schreim doch bleim

des Buach kost Zeit und aa no Gejd

und's gibt aa koan dem sowos gfällt

es intressiert doch koane Sau

des Buach, de Gschichtn, der Humor

a wos, sog i zu meina Frau

dann les i's mia hoit sejba vor

Übersetzung auf der nächsten Seite

Besonders klug ist es mitnichten

schreibt man so dämliche Geschichten

mein Weib, das säh` es liebend gern

blieb ich dem Schreiben einfach fern

da will ich nichts dergleichen hör'n

mich würde nämlich furchtbar stör'n

wenn niemand hat in hundert Jahren

von meiner Dichtkunst was erfahren

Die Bücher des Autors

Historische Romane :

„Denn mein ist die Gerechtigkeit der Rache"

Für den jungen Ritter und Grafensohn Raimund von Bogen, Berufsmörder im Auftrag des Herzogs, wird das Leben gefährlich, als er einer kirchlichen Geheimorganisation in die Quere kommt. Roman über die Farben weiß-blau im bayerischen Wappen
ISBN 978-3-8370-8403-0

„Und hüte dich vor den Mönchen"

Raimund von Fulinpach und Stephan von Tiers, Rekruten im herzoglichen geheimen Dienst, bekamen von ihren Eltern die gleiche mysteriöse Warnung. Und nun bedroht eine unheimliche Gefahr Tiers.
ISBN 978-3-8370-86157

„Der Janitschar von Salzburg"

Raimund von Fulinpach und Stephan von Tiers, die beiden jungen Ritter aus dem herzoglichen gehei-

men Dienst werden an die Kirche ausgeliehen. Sie sollen mysteriöse Anschläge auf den Fürst-Bischof zu Salzburg stoppen und aufklären.
ISBN 978-3-8370-8616-4

„Femegericht im Inntal"

Gefesselte Leichen im Inn mit eingebranntem F auf der Stirn. Die Angst geht um. Ein Fall für Raimund von Fulinpach und Stephan von Tiers, dem erfolgreichen Duo aus dem herzoglichen geheimen Dienst. Für Raimund ist der Einsatz doppelt wichtig, denn er ist der neue Burggraf auf der Feste Kufstein.   ISBN 978-3-8370-3449-3

„Der Thör vom Samerberg"

Merkwürdig – nur Kinder von Bergbauernhöfen sind verschwunden. Man weiß keine genauen Zahlen, rechnet aber im Gebiet vom Samerberg bis Berchtesgaden mit über zwanzig solchen Fällen. Gemeinsam mit Mönchen aus dem Kloster Berchtesgaden sowie einem Trupp Zigeuner nehmen Raimund von Fulinpach und Stephan von Tiers, die beiden jungen Ritter aus dem herzoglichen geheimen

Dienst, eine verzweifelte Suche auf. Als es um Leben und Tod geht, spielt ein einfacher, armer Bergbauer vom Samerberg die entscheidende Rolle. *ISBN 978-3-8391-1677-7*

„Der Schwarze Mann von Rosenheim"

Die Bewohner des Marktes Rosenheim werden von einem Unheimlichen terrorisiert. Bei einem Auftrag, der die beiden jungen Ritter Raimund von Fulinpach und Stephan von Tiers bis in das Land der Magyaren führt, finden die beiden die Wurzel des Übels. *ISBN 978-3-8423-5408-1*

„Der Untergang Mekkas im Mangfalltal"

Angst und Schrecken befallen die Menschen im Mangfalltal. Die Pfarrer auf der Kanzel warnen vor einem umherziehenden muslimischen Prinzen, vor einem Teufel in Menschengestalt. Ein weiterer Fall für Raimund von Fulinpach und Stephan von Tiers, die beiden jungen Ritter aus dem herzoglichen geheimen Dienst. *ISBN 978-3-7386-2747-3*

Kinderbücher

„Der geerbte Troll"

Familie Pfeiffer erbt ein altes Haus im Dörflein Au. Was die Großen nicht merken, wohl aber Annemarie : Sie haben mit dem Haus auch einen Troll geerbt. Und der bringt alles durcheinander.
ISBN 3-86548-396-8

„Geteilter Troll ist doppelte Freundschaft"

Die Leute wissen es nicht, aber an allem, was im Dörflein Au passiert, ist ein Troll schuld. Den kennen nur Annemarie und ihr Freund Achim.
ISBN 978-8-3702-1776

„lauter kleine geschichten für lauter kleine leute"

Geschichten zum Vor- oder Selberlesen, vom kleinen Feuerwehrmann, vom kleinen Affen, vom kleinen Buchstabendieb und manchen anderen.
ISBN 978-3-8370-8412-2

Krimis und Thriller, ernst und heiter

„Sieben Leichen auf der Rosenheimer Bowlingbahn"

Sieben Leichen, ist das nicht ein bisschen viel ? Kriminaloberkommissar Wernfried Kobbs, von seinen Kollegen liebevoll Rosenheim-Kobbs genannt, hat einen schrecklichen Verdacht.
ISBN 978-3-8370-8822-9

„Rettet das Vaterland ! Oder wenigstens das Dörflein Au"

Einer der meistgesuchten Terroristen hinterlässt zwar regelmäßig eine Spur, die Geheimdienste kommen ihm aber nicht auf dieselbe. Da bekommt das Rentnerehepaar Isolde und Isidor Bachmeier aus dem Dörflein Au einen Auftrag vom BND, und die beiden führen die Jagd auf ihre Weise.
ISBN 978-3-8448-1810-9

„Kommissar Batdorj und die alten Helden von Chowd-Aimag"

Sie waren einst die besten der Besten, gefürchtet in der ganzen Welt, Spezialisten der Roten Armee. Sie arbeiteten weltweit mit tödlicher Sicherheit. Im Kampf gegen Korruption und Organisiertes Verbrechen zieht Kommissar Batdorj mit ihnen ungewollt ein Ass aus dem Ärmel: Die alten Helden von Chowd-Aimag   ISBN 978-3-7322-3512-4

„Kommissar Batdorj und der gestohlene Fluch des Dschingis Khan"

Für den brummigen Chowder Kommissar ein geradezu lächerlicher Fall. Doch es wird ein Albtraum daraus, der sogar die Regierung der Mongolei bedroht.   ISBN 978-3-7386-0917-2

„Fiasko in Rom"

Ein biederer Volksschullehrer aus dem kleinen Dorf Au macht sich in Rom auf die Suche nach den großväterlichen Wurzeln und stolpert dabei in den Krieg zwischen Mafia und Geheimdienst. ISBN 978-3-8391-0626-6

Und ein Buch für Kinder von acht bis achtzig :

„Satansbraten und Lindwürmchen"

Die ersten Lebensjahre zweier Schwestern oben auf dem Samerberg. ISBN 978-3-7460-04-3401